Para meu sobrinho, Luís Felipe.

Diretor editorial: **Luis Matos**
Editora-chefe: **Marcia Batista**
Assistentes editoriais: **Rafael Duarte e Rodolfo Santana**
Preparação: **Âmala Barbosa**
Revisão: **Aline Graça**
Projeto Gráfico e ilustrações: **Roberto Lanznaster**
Arte: **Francine C. Silva e Valdinei Gomes**

Dados Internacionais de Catalogação na Publicação (CIP)
Angélica Ilacqua CRB-8/7057

L29d

Lanznaster, Roberto

Atena / Roberto Lanznaster. – São Paulo: Universo dos Livros, 2014.

106 p. : il., color. (As Crônicas do Olimpo, v. 1)

ISBN 978-85-7930-745-4

1. Literatura infantil 2. Mitologia Grega I. Título

14-0544 CDD 028.5

Índices para catálogo sistemático:

1. Literatura infantil

**Universo dos Livros Editora Ltda.**
Rua do Bosque, 1589 - Bloco 2 - Conj. 603/606
CEP 01136-001 - Barra Funda - São Paulo/SP
Telefone/Fax: (11) 3392-3336
www.universodoslivros.com.br
e-mail: editor@universodoslivros.com.br
Siga-nos no Twitter: @univdoslivros

ROBERTO LANZNASTER

# ATENA

## AS CRÔNICAS DO OLIMPO

São Paulo
2014

UNIVERSO DOS LIVROS

Na escuridão do Érebo, elas observam com seus olhos cegos.

Três irmãs, mais velhas do que o tempo,
tecem o destino dos Imortais e dos homens.

Testemunhas silenciosas.

# CLOTO, LÁQUESIS, ÁTROPOS

As moiras.

Milhares de vidas as irmãs manusearam na tapeçaria sem fim.

Elas contam a história de

**ATENA,**

**A PREFERIDA DE ZEUS.**

Salvadora de cidades.

Deusas, ninfas e mortais... várias amantes teve Zeus. De todas elas, nenhuma tocou o coração e a mente do rei do Olimpo como

# Métis.

De seus lábios, o poderoso Zeus bebia palavras e conselhos. Pois sendo Métis a deusa da prudência, sábios eram os seus ensinamentos.

Longas foram as noites. Calorosos os abraços e debates. E Zeus engravidou Métis. Satisfeito, o imortal foi consultar a avó Gaia. Queria saber o que o futuro reservaria ao filho gerado.

A resposta do oráculo fez tremer Zeus.

Primeiro viria uma filha. Em seguida, um filho que destronaria o pai;

era a maldição de Cronos.

Repetindo o terrível ritual de seu pai,
Zeus enganou Métis e

# DEVOROU-A.

Única maneira de manter seu reinado. Seu poder.

Nove meses se passaram e o
O senhor dos deuses foi atacado por uma terrível dor. Sua cabeça latejava como se fosse apunhalada por lanças.

Desesperado, enviou Hermes – mensageiro dos deuses – à ilha de Lemnos, e convocou Hefestos, o manco ferreiro dos Eternos.

Habilidoso era Hefestos. E com um só golpe de seu martelo de ouro...

...ROMPEU O CRÂNIO
DE ZEUS.

UM GRITO DE GUERRA
SACUDIU O OLIMPO.

E DA FERIDA NASCEU
A FILHA DE MÉTIS.

ATENA.

Herdeira da sabedoria da mãe e da força do pai, Atena tornou-se a preferida de Zeus.

Como presente, o rei dos Eternos lhe deu seu escudo – feito com o couro da cabra Amalteia – impenetrável em batalha.

Pois guerreira era Atena,
Amante das batalhas justas e da estratégia militar. A mais sábia das deusas. Sempre virgem.
Padroeira das artes e hábil tecelã.

Incontáveis foram os dons que ofereceu à humanidade. A matemática, o arado, a arte de fabricar potes.

Mas uma de suas graças moldou o destino de uma cidade inteira.

Na península da Ática,
o rei Cécrope – filho de Gaia –
fundara uma cidade de rara
beleza e esplendor.
Ele convocou os deuses,
lançando um desafio.

Aquele que criasse o mais útil presente para a cidade, teria a honra de lhe dar o nome. Seria seu protetor e governante.

A disputa instigou os Imortais.

Das profundezas do mar, respondeu Poseidon.
Das alturas do Olimpo, veio Atena.

Na colina da Acrópole, os dois

Deuses se prepararam.

O impetuoso senhor das águas brandiu o tridente e golpeou o solo com violência. De uma fonte surgiu o primeiro cavalo.

A deusa pediu a Cécrope um dia para refletir e apresentar sua dádiva.

Naquela noite, andando pensativa pelos bosques da Ática, Atena observou uma coruja caçando.

Inspirada pela visão, decidiu-se.

Traria luz aos homens nas trevas. Iluminaria e nutriria seus caminhos, assim como os olhos da coruja servem para levá-la até seu alimento.

Ao amanhecer, Atena tocou suavemente o solo com sua lança, e no local brotou a

# OLIVEIRA.

O rei Cécrope reuniu a população
da cidade para o julgamento.
O povo observou as duas criações e,
unânime, escolheu o presente de Atena.

Pois os frutos da oliveira lhes dariam alimento. Seu óleo acenderia lâmpadas que os afastariam da escuridão.

Para sempre a cidade seria conhecida como

# ATENAS.

E para homenagear aquela que havia lhe inspirado a vitória, a deusa adotou a coruja como sua ave consagrada.

Sob as bênçãos de Atena, a cidade tornou-se a capital das artes de toda a Grécia.

E no alto da colina da Acrópole, foi construído o mais suntuoso templo jamais oferecido a um deus. O Partenon.

Mas o invejoso Poseidon não aceitou a derrota.
Para vingar-se de Atena, ele seduziu uma de suas sacerdotisas – a jovem Medusa – mortal cuja beleza dos cabelos era comparada à da própria Afrodite.

E dentro do Partenon, eles se uniram.

A FÚRIA DE ATENA...

...FOI TERRÍVEL.

Ela condenou Medusa, transformando-a na mais monstruosa criatura que o mundo já vira: a Górgona.

As mãos da jovem tornaram-se garras de bronze. De suas costas brotaram asas de ouro.

Seus belos cabelos viraram serpentes.

Tão terrível era a aparição, que todos que a fitavam viravam pedra. Para proteger os cidadãos de tão terrível criação, a deusa baniu Medusa à distante terra da Líbia.

Separado da amante, horrorizado com seu castigo, Poseidon culpou a cidade de Atenas. Para punir seus habitantes, ele perfurou o solo com seu tridente e inundou a Ática.

Não satisfeito, o senhor das águas soprou sua concha, despertando das profundezas do mar o monstro

# CETOS.

Três dias a criatura levaria para chegar até Atenas e devastar o que restava da cidade.

Desesperada, a filha de Zeus voou até o Olimpo, em busca das palavras de

# APOLO.

Só o deus da profecia saberia como derrotar Cetos e salvar Atenas da ira de Poseidon.

Falou então Apolo:

– O monstro de Poseidon não pode ser derrotado por nenhum deus nem por homem mortal. É de um semideus que você deve buscar auxílio, irmã.

Na ilha de Sérifo vive Perseu, concebido por nosso pai Zeus em uma chuva de ouro, quando sua mãe – a princesa Dânae – vivia trancada em uma torre. Você deve guiá-lo até a morada da Medusa – tua criação.

Somente ele conseguirá cortar a cabeça da Górgona e, munido dela, petrificar Cetos, salvando tua amada cidade.

Agora corra – continuou Apolo – pois três dias você possui para evitar que Atenas caia definitivamente. Chama Hermes, o protetor de heróis e mais rápido dos deuses. Ele te guiará.

Seguindo a recomendação de Apolo, Atena armou-se para a batalha e, com a ajuda de Hermes, chegou à ilha de Sérifo no fim do primeiro dia. Lá, nas areias brancas da praia banhadas pela luz da lua, encontrou Perseu.

– Segura agora este escudo que já foi usado pelo próprio Zeus – falou Atena a Perseu. – Com ele, você enfrentará essa difícil missão e conquistará a glória digna de um olímpico. Imortal se tornará teu feito, e teu nome será para sempre lembrado.

O jovem herói ouviu tudo e concordou. Pois quem poderia recusar o pedido de uma Deusa?

Os três seguiram viagem até o extremo norte, além da morada do frio vento Bóreas. Lá, existia uma terra em que o inverno nunca tocava. Um país bem-aventurado conhecido como Hiperbórea, lar dos Grifos e de poderosas ninfas, guardiãs de objetos mágicos.

Ocultas nas florestas de Hiperbórea, elas propunham a todos que as procuravam um enigma.

Quem decifrasse a charada, ganhava os utensílios mágicos como recompensa. Ao perdedor, elas retribuíam com a morte. Orientado por Hermes, Perseu encontrou a morada das ninfas.

- Qual o animal que ao amanhecer tem quatro patas, ao meio-dia duas e ao anoitecer três?- elas perguntaram.

Atena, invisível, sussurrou no ouvido de Perseu, que respondeu:
- É o homem. No amanhecer da infância, ele engatinha como bebê. Ao meio-dia de sua maturidade, anda em duas pernas. E no anoitecer da velhice, precisa do apoio de um cajado para caminhar.

Vencidas, as ninfas ofereceram ao herói três dádivas.

Para viajar longas distâncias
com rapidez, sandálias aladas.

Para cortar a cabeça da Górgona,
uma foice de ouro de gume afiado.

Para carregar o precioso troféu, uma sacola de prata imune ao sangue venenoso de Medusa.

Assim, munido das armas, orientado pelos Deuses, Perseu partiu para a terra da Líbia, ao covil de Medusa. Era o fim do segundo dia.

– Ouça com atenção, semideus, pois disso depende o sucesso de tua missão – disse Atena – Usa meu escudo, polido como um espelho, e assim evita o olhar pétreo da Górgona.

Perseu ouviu o conselho da Deusa
e guiado por sua mão, com um único
golpe da foice de ouro, decapitou Medusa.

Do sangue que jorrou da ferida
do monstro, nasceu

PÉGASO.

O mais belo dos cavalos alados.

Atena instruiu-o a voar até o monte
Parnaso, lugar preferido de Apolo.
Ela ofertou o magnífico animal ao irmão,
em pagamento pela ajuda recebida.

Os dedos róseos da Aurora já tocavam o céu no amanhecer do terceiro dia, quando Perseu alçou voo com suas sandálias aladas.

Viajando rápido como Hermes, o semideus chegou às terras inundadas da Ática.

Os dedos róseos da Aurora
já tocavam o céu no amanhecer do
terceiro dia, quando Perseu alçou
voo com suas sandálias aladas.

Viajando rápido como Hermes,
o semideus chegou às
terras inundadas da Ática.

Entre as ruas alagadas
da cidade de Atenas, em um
turbilhão de água e espuma, erguia-se Cetos.

– Agora vai, empunha a cabeça de
Medusa, acaba com o flagelo do meu terrível tio
e cumpre o teu destino – disse Atena a Perseu.

E AO OLHAR A CABEÇA DA GÓRGONA...

...CETOS TRANSFORMOU-SE NUMA ESTÁTUA DE PEDRA.

A cidade de Atenas estava salva. Poseidon, finalmente aceitando sua derrota, afastou o mar das terras da Ática.

No entanto, os habitantes da Grécia nunca esqueceram a ira do senhor das águas.

Cidade alguma jamais o recebeu como patrono.

Para imortalizar o ato de Perseu, Atena pintou com as estrelas o herói e sua façanha, criando no caminho dos deuses – a via láctea – uma nova constelação.

E como lembrete a todos que ousassem desafiá-la novamente...

...A DEUSA ORNOU SEU
ESCUDO COM O TERRÍVEL
ROSTO DA GÓRGONA.

Assim contam as Moiras.

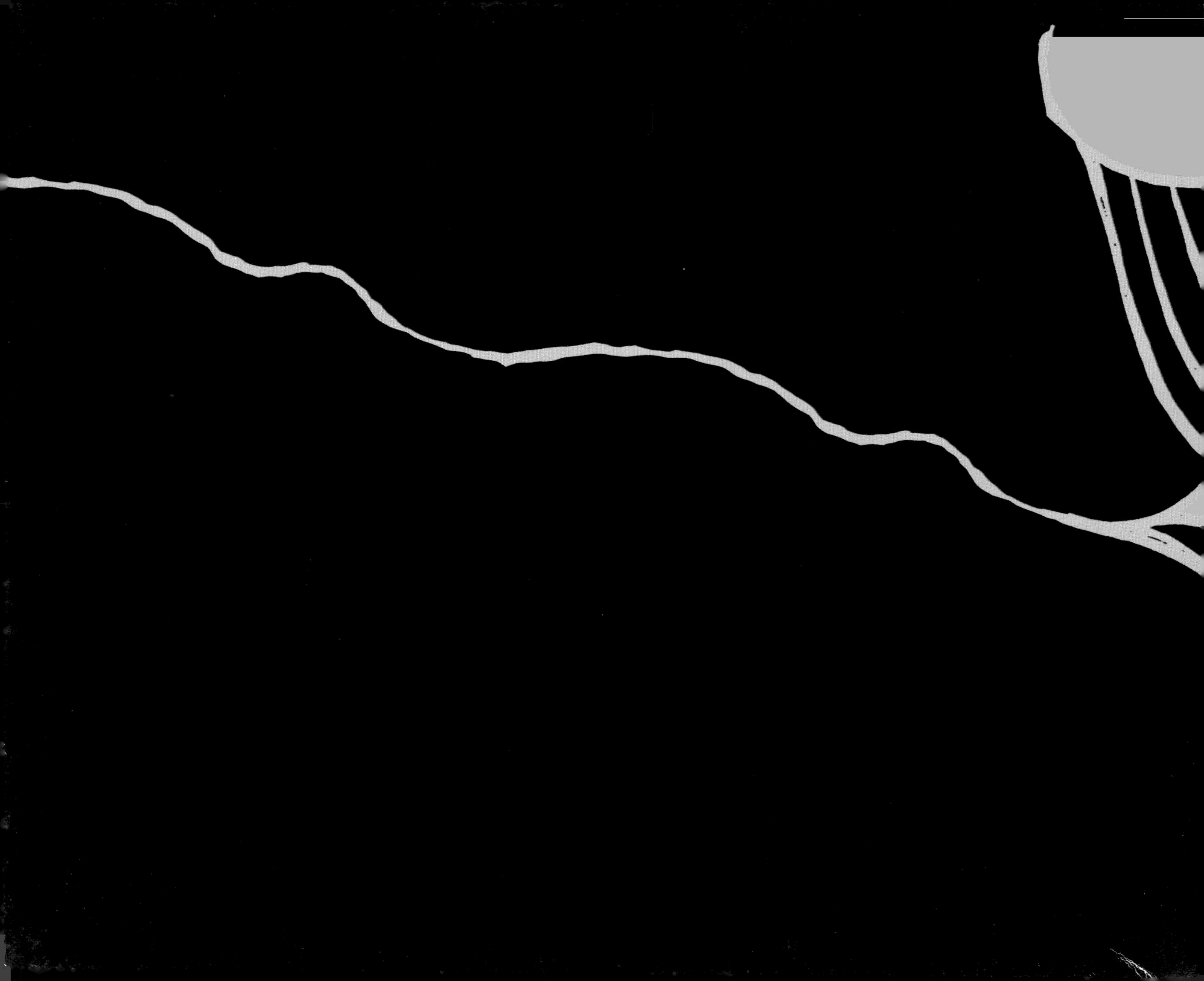

# O AUTOR

Natural de Santa Catarina, Roberto Lanznaster é escritor, designer gráfico e ilustrador. Autor de *A Flauta Mágica*, uma reinvenção da ópera de Mozart ambientada na floresta amazônica brasileira; também de *Imaginarium – Dicionário de monstros*, além de ser coautor e ilustrador, em pareceria com Samantha Quadros, do livro *Pocotinhas*.

Como ilustrador, participou do projeto *Creative Action Network* em 2013, redesenhando capas para clássicos como *Drácula*, *Frankenstein*, *Viagens de Gulliver*, *20.000 léguas submarinas*, *Alice através do Espelho*, *Moby-Dick*, *Contos de Grimm* e *Histórias de Poe*.

Na trilogia "As Crônicas do Olimpo", o autor reconta a história dos principais deuses do panteão grego, divindades conhecidas como Olímpicas. As lendas foram rearranjadas e compiladas numa nova narrativa, com acréscimos que não existiam no mito original, ao pesquisar as várias versões das lendas de origem de cada deus, assim como suas variações, seus atributos, personalidades mais marcantes e simbologias.

O design das ilustrações incorpora elementos da arte grega e minoica, reinterpretados em um estilo contemporâneo. Cerâmicas, pinturas, esculturas e indumentária destes povos serviram de modelo para os desenhos. A paleta de cores limitada também foi usada como base nestas peças, dando ao leitor uma identificação, mesmo que inconsciente, com a arte antiga.

Outras de suas ilustrações podem ser vistas em www.behance.net/lanznaster.